Caminho da Alfabetização

APRENDENDO A ESCREVER

Método Silábico e por Imagem

Consciência Fonológica

©TODOLIVRO LTDA.

Rodovia Jorge Lacerda, 5086 - Poço Grande
Gaspar - SC | CEP 89115-100

Ilustração:
Belli Studio, Shutterstock

Revisão:
Tamara B. G. Altenburg

IMPRESSO NA CHINA
www.todolivro.com.br

Dados Internacionais de Catalogação na Publicação (CIP)
(Câmara Brasileira do Livro, SP, Brasil)

_____

Aprendendo a escrever [Todolivro]. Gaspar, SC: Todolivro Editora, 2023.
(Coleção Caminho da Alfabetização; 2)

ISBN 978-85-376-5579-5

1. Alfabetização (Educação infantil)   2. Escrita (Educação infantil)   I. Série.

23-175037
                                          CDD-372.21

_____

Índices para catálogo sistemático:

1. Alfabetização: Educação infantil   372.21

Cibele Maria Dias - Bibliotecária - CRB-8/9427

Caminho da Alfabetização

ALFABETO EM LETRAS DE FÔRMA
EXERCÍCIOS DE ESCRITA
VOGAIS E CONSOANTES
LETRAS, SÍLABAS E PALAVRAS
ATIVIDADES E PASSATEMPOS
DESENHAR E COLORIR
FRASES E TEXTOS
SILABÁRIO SIMPLES
MAIÚSCULAS E MINÚSCULAS
DÍGRAFOS E FONEMAS
SONS CONSONANTAIS
SONS DO X
PLURAL
ANTÔNIMOS E SINÔNIMOS
AUMENTATIVO E DIMINUTIVO
MASCULINO E FEMININO
ACENTUAÇÃO GRÁFICA

Vamos Começar!

VOGAIS E CONSOANTES

VOGAIS E CONSOANTES SÃO **FONEMAS**, OS QUAIS FORMAM DUAS DAS CATEGORIAS PRINCIPAIS DE **SONS DA FALA**.

AS **VOGAIS (A – E – I – O – U)** SE CARACTERIZAM PELO FATO DE O **SOM SER EMITIDO SEM OBSTRUÇÃO**, OU SEJA, COM **PASSAGEM LIVRE DO AR ATRAVÉS DA BOCA**.

ELAS SÃO UNIDADES **FUNDAMENTAIS NA FORMAÇÃO DAS SÍLABAS, PALAVRAS E NA ESTRUTURA DAS LÍNGUAS.**

A ABELHA

ESCREVA SOBRE AS LETRAS **A** TRACEJADAS.

A A A A A A A

ESCREVA A LETRA **A** NO INÍCIO DE CADA PALAVRA.

...RANHA

...LBATROZ

...RARA

...RROZ

LIGUE CADA FIGURA AO NOME CORRESPONDENTE E SUBLINHE AS LETRAS **A**.

ABOBRINHA

AQUÁRIO

AVIÃO

ASTRONAUTA

ESCREVA SOBRE AS LETRAS **A** DE CADA PALAVRA.

AGASALHO

AZEITE

AMBULÂNCIA

ÁRVORE

PINTE O AVIÃOZINHO!

MARQUE UM X NAS FRUTAS QUE CONTÊM A LETRA **A**.

E  ELEFANTE

ESCREVA SOBRE AS LETRAS E TRACEJADAS.

PINTE O E NO CENTRO E LIGUE-O ÀS FIGURAS QUE COMEÇAM COM E.

COMPLETE COM A LETRA **E** O NOME DO BRINQUEDO DO PARQUINHO.

Eu adoro brincar no **...SCORR...GADOR** *do parquinho!*

PINTE OS QUADRADINHOS COM A LETRA **E** EM CADA PALAVRA.

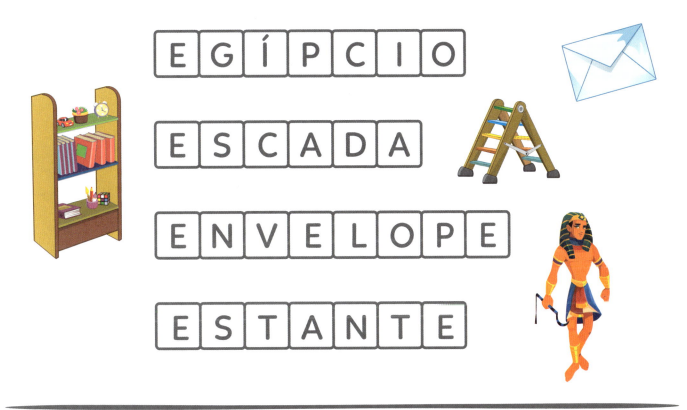

VOCÊ JÁ ME CONHECE! ENTÃO, ESCREVA A LETRA **E** DESCUBRA O MEU NOME!

I  ILHA

ESCREVA SOBRE AS LETRAS I TRACEJADAS.

I I I I I I I I

COMPLETE OS NOMES COM A LETRA I E LIGUE-OS ÀS RESPECTIVAS FIGURAS.

...OGURTE

...O...Ô

...DE...A

...GREJA

...GLU

...NCHADO

...GUANA

...ND...O

CADÊ A LETRA I DO NOME DA MÚMIA? COLOQUE O I E A ACALME!

O IATE MUDOU SUA ROTA PARA EVITAR A COLISÃO COM O ICEBERG. TRACE O PERCURSO QUE ELE FEZ PARA DESVIAR. ESCREVA A LETRA I QUE FALTA EM CADA NOME E ESCREVA SOBRE AS VOGAIS TRACEJADAS PARA COMPLETAR OS NOMES.

ESCREVA SOBRE A FRASE, COMPLETANDO-A COM A LETRA I NOS ESPAÇOS.

IVO FICOU IRRITADO COM O MOSQUITO QUE O INCOMODAVA FAZENDO ZIIIII!

9

O  OVOS

ESCREVA SOBRE AS LETRAS O TRACEJADAS.

O O O O O O O O

ENCONTRE NO CAÇA-PALAVRAS O NOME DAS FIGURAS E ESCREVA SOBRE ELES.

A	T	C	O	R	C	A	O	S	S
I	B	O	D	E	Ó	G	H	A	K
A	Y	S	V	O	C	G	H	A	I
O	B	T	D	E	U	O	U	R	O
R	R	R	M	V	L	L	H	O	I
E	U	A	D	U	O	H	H	S	H
L	B	C	V	T	S	O	A	S	I
H	C	I	D	E	F	G	H	O	M
A	O	N	D	A	F	G	H	A	I

OSSO

ÓCULOS

ONDA

OSTRA

OVELHA　　OURO　　ORCA　　OLHO　　ORELHA

ESCREVA SOBRE A LETRA **O** TRACEJADA E REPONHA O **O** QUE O OGRO QUER EM SEU NOME!

CADÊ A LETRA **O** DO MEU NOME?

A OVELHA FICOU INVISÍVEL PARA QUE O LOBO MAU NÃO A ENCONTRE. CERQUE O LOBO PARA PROTEGER A OVELHA E PINTE-A DE MODO QUE FIQUE VISÍVEL!

ESCREVA SOBRE AS LETRAS TRACEJADAS E COMPLETE OS NOMES COM A LETRA **O**:

L__B__ MAU

__VELHA

11

U

URSO

ESCREVA SOBRE AS LETRAS **U** TRACEJADAS.

U U U U U U U

ESCREVA A LETRA **U** NOS QUADRADINHOS EM BRANCO. DEPOIS, ESCREVA SOBRE AS LETRAS TRACEJADAS NA CRUZADINHA E COMPLETE AS DEMAIS PALAVRAS.

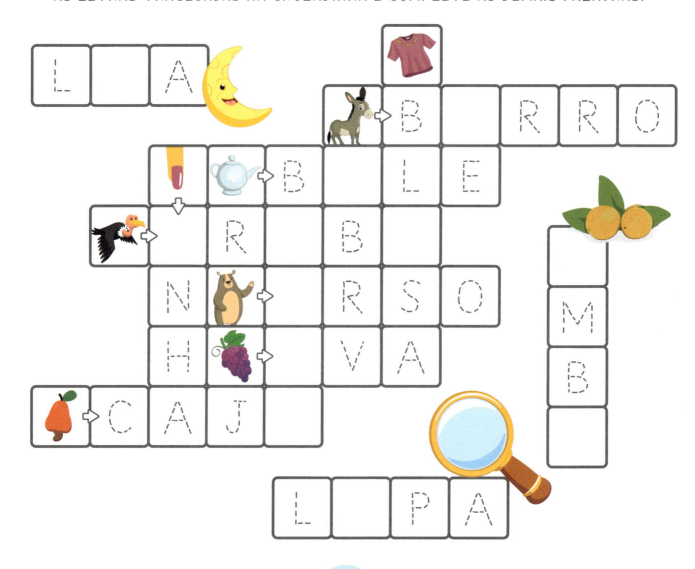

PINTE AS LETRAS U E LIGUE CADA FIGURA AO SEU NOME.

URNA   LUVA

CUBO   SUCO

BRINCANDO NA CHUVA! ESCREVA AS LETRAS U QUE FALTAM NA FRASE QUE DESCREVE A CENA DAS CRIANÇAS NA CHUVA E ESCREVA SOBRE AS LETRAS TRACEJADAS!

"J_LI E Y_RI P_LARAM NA ÁG_A DA CH_VA SOB O OLHAR SURPRESO DE ÚRS_LA, QUE A T_DO ASSISTI_!"

ESCREVA SOBRE AS LETRAS DA FRASE E ESCREVA A LETRA U ONDE FALTA.

 O B_RRINHO NÃO Q_IS ANDAR Q_ANDO VI_A BR_XINHA COM A VASSO_RA VOAR!

VOGAIS

ESCREVA SOBRE AS **VOGAIS** **A - E - I - O - U**.

A E I O U

ESCREVA AS **VOGAIS** NOS QUADRADINHOS E NAS PALAVRAS TRACEJADAS.

 [A] BARRACA | BANANA [ ]

 [E] DENTE | SERPENTE [ ]

 [I] KIWI | SIRI [ ]

 [O] OVO | POLVO [ ]

 [U] CURURU | CHUCHU [ ]

LIGUE AS **VOGAIS** MONSTRO COM AS **VOGAIS** PARES DE MASSINHA.

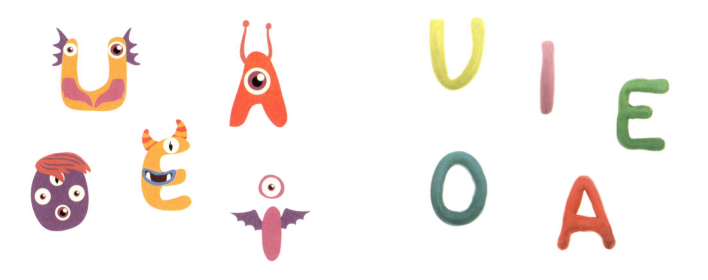

PINTE OS ANIMAIS DA ARCA DE NOÉ E ESCREVA AS **VOGAIS** NO NOME DELES.

GIRAFA   COBRA   FLAMINGO
CROCODILO   LEÃO   ELEFANTE
POMBA

ENCONTRO DE VOGAIS

JUNTE AS **VOGAIS** E ESCREVA AS PALAVRAS DAS COMBINAÇÕES ABAIXO.

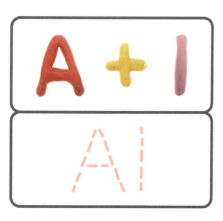
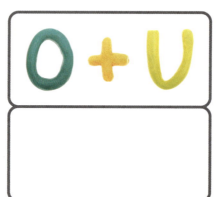
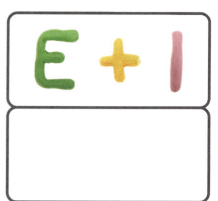
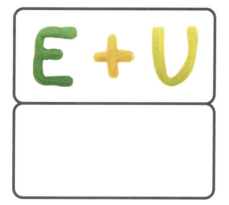
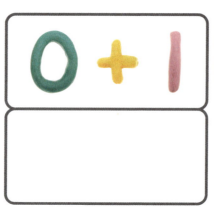
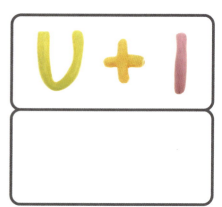

ESCREVA, NOS BALÕES DE FALA, A PALAVRA MAIS INDICADA A CADA FIGURA.

16

CONSOANTES

AS **CONSOANTES** SÃO **FONEMAS**, OS QUAIS SÃO **UNIDADES DE SOM QUE SÃO EMITIDOS COM ALGUM TIPO DE OBSTRUÇÃO** OU **RESTRIÇÃO DO FLUXO DE AR ATRAVÉS DA BOCA**.

ELAS SOMENTE **FORMAM SÍLABAS APOIADAS** NO S**OM DE UMA VOGAL**, DAÍ DECORRE O NOME **CON—SOANTE**, OU SEJA, COM **SOM "DE UMA VOGAL"**.

B C D
F G H J K
L M N P
Q R S
T V W
X Y Z

B  BOLHAS

ESCREVA SOBRE AS LETRAS B TRACEJADAS E AS SÍLABAS FORMADAS.

B B B B B B B

BA BE BI BO BU BÃO

ESCREVA AS LETRAS B NAS PALAVRAS E LIGUE CADA QUAL À SUA FIGURA.

BARBA BOMBOM
BANANA BALÃO BOLA
BOLICHE BUZINA BARRACA
BAILARINA BOLO BEBÊ
BINÓCULOS BOSQUE
BALEIA BORBOLETA
BISCOITO BANHEIRA

ESCREVA O NOME DA BANDA E LIGUE O NOME DOS INTEGRANTES À FIGURA CORRESPONDENTE.

BANDA BAKANA

VOCALISTA
BAIXISTA
BATERISTA
GUITARRISTA

ESCREVA SOBRE AS LETRAS DA FRASE PONTILHADA E CIRCULE AS LETRAS B DE AZUL.

BIA E BOB FIZERAM UM BELO BONECO DE NEVE!

UNA AS SÍLABAS E FORME A PALAVRA DO BRINQUEDO DAS CRIANÇAS.
ESCREVA SOBRE AS LETRAS E DEPOIS ESCREVA AS LETRAS B NO NOME FORMADO.

BAM  BO  LÊ   AM   OLÊ

19

CAVALO

ESCREVA SOBRE AS LETRAS C TRACEJADAS E AS SÍLABAS FORMADAS.

C C C C C C C C

CA CE CI CO CU CÃO

ABAIXO ESTÃO ALGUNS ALIMENTOS ESCRITOS COM LETRA C.
COMPLETE-OS E ESCREVA SOBRE OS TRACEJADOS.

COOKIES SÃO UMA DELÍCIA! VOCÊ QUER EXPERIMENTAR?

...ARAMBOLA

...OOKIES

...ACHORRO-QUENTE

...A...AU   ...HO...OLATE

...AFÉ   ...AJÁ   ...O...O   ...HÁ

A MENINA CAMPONESA ESTÁ LEVANDO DOCES PARA SUA VOVÓ COM O SEU FIEL AMIGO CÃOZINHO CAPO. ESCREVA AS LETRAS C ENCONTRADAS NO CAMINHO!

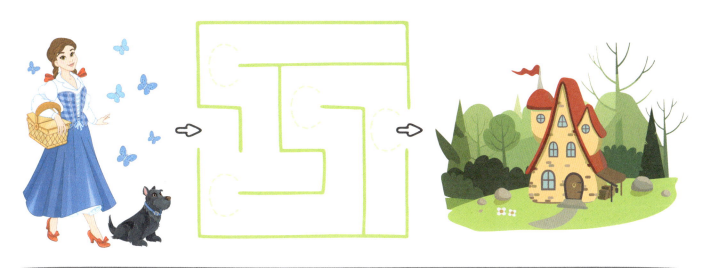

ESCREVA SOBRE OS TRACEJADOS DA PALAVRA "CAVERNA". EM SEGUIDA, ESCREVA SOBRE AS LETRAS C NAS PALAVRAS DAS COISAS QUE SÃO ENCONTRADAS EM UMA...

CAVERNA

ROCHA

MORCEGO

CORUJA

ESCURIDÃO

CRUSTÁCEO

CARAMUJO

CONTE QUANTOS PULOS O FILHOTE DEU ATÉ A MAMÃE CANGURU. DEPOIS, ESCREVA SOBRE OS PONTILHADOS E AS LETRAS. DIGA O NOME QUE SE FORMOU.

CANGURU

D  DIA

ESCREVA SOBRE AS LETRAS D TRACEJADAS E AS SÍLABAS FORMADAS.

D D D D D D D D

DA DE DI DO DU DÃO

DUDU FOI DORMIR E SONHOU COM DIVERSAS COISAS QUE COMEÇAM COM A LETRA D. ESCREVA O NOME DAS COISAS COM AS QUAIS ELE SONHOU.

DESPERTADOR

O DETETIVE ESTÁ INVESTIGANDO QUEM MISTUROU AS LETRAS DO NOME DA SUA ATIVIDADE. VOCÊ PODE AJUDÁ-LO A ORGANIZAR AS LETRAS, ESCREVENDO-AS NA ORDEM CORRETA, DENTRO DOS QUADRADINHOS?

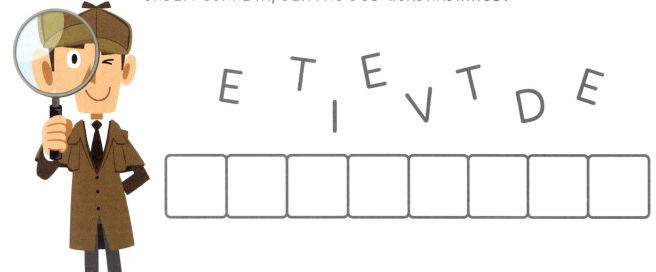

ESCREVA SOBRE AS LETRAS DO NOME DAS FIGURAS DA CRUZADINHA E NÃO ESQUEÇA DAS LETRAS **D** NOS QUADRADINHOS EM BRANCO.

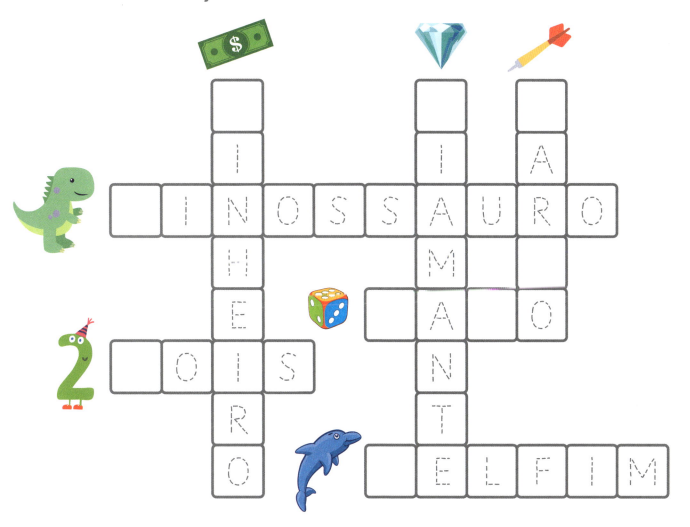

F FADA

ESCREVA SOBRE AS LETRAS F TRACEJADAS E AS SÍLABAS FORMADAS.

F F F F F F F

FA FE FI FO FU FÃO

ESCREVA A PALAVRA QUE A FADINHA ESTÁ DIZENDO SOBRE O QUE ELA MAIS GOSTA!

LEIA E ESCREVA SOBRE AS FRASES.

ESCREVA AS LETRAS F QUE FALTAM NA FRASE.
EM SEGUIDA, COPIE-A ACIMA DA LINHA PONTILHADA.

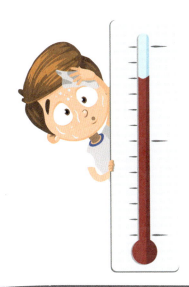

_ELIPE ESTÁ COM _EBRE.

....

RELACIONE AS FIGURAS COM AS PALAVRAS QUE COMEÇAM COM A LETRA F: **FOCA, FEIRA, FOGUEIRA, FAZENDA, FOTÓGRAFO E FRIO**. PARA ISSO, ESCREVA CADA UMA ABAIXO DA IMAGEM CORRESPONDENTE.

ESCREVA, NO ESPAÇO ABAIXO, O NOME DO ESPORTE QUE INICIA COM A LETRA F!

G GALO

ESCREVA SOBRE AS LETRAS G TRACEJADAS E AS SÍLABAS FORMADAS.

G G G G G G G

GA GE GI GO GU GÃO

COMPLETE CADA PALAVRA COM UMA DAS SÍLABAS FORMADAS COM A LETRA G E LIGUE-A À FIGURA CORRESPONDENTE:

__TO

__RILA

FO__

__RAFA

CAN__RU

__LO

ESCREVA AS PALAVRAS, SUBLINHE AS SÍLABAS COM A LETRA G E CIRCULE AQUELA CORRESPONDENTE ÀS FIGURAS:

GÊNIOS   GINASTAS

GIGANTES   AMIGOS   GULA

OBSERVE AS SÍLABAS E AS FIGURAS. EM SEGUIDA, ESCREVA O NOME DA FIGURA QUE CONTÉM A SÍLABA INDICADA EM CADA RETÂNGULO.

GUA   GUE   GUI   GUO   GUÃO

GUA			
GUE			
GUI			
GUÃO			

ESCREVA SOBRE AS SÍLABAS FORMADAS COM AS LETRAS **GU** E ESCREVA AS PALAVRAS:

GUARANÁ   GUERRA
GUIA   AMBÍGUO

O ACESSÓRIO USADO QUANDO CHOVE É O:

GUARDA-CHUVA

H  **H**ARPA

ESCREVA SOBRE AS LETRAS **H** TRACEJADAS E AS SÍLABAS FORMADAS.

H H H H H H H H

HA HE HI HO HU HÃO

ESCREVA E LIGUE AS PALAVRAS ÀS FIGURAS CORRESPONDENTES E CIRCULE **HA**, **HE**, **HI**, **HO** E **HU**.

HORTA
HIBISCO
HORTELÃ
HOSPITAL
HELICÓPTERO
HOTEL
HIDRANTE
HUMANO

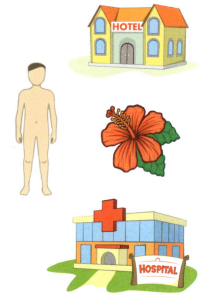

A LETRA **H** NÃO REPRESENTA NENHUM SOM DA FALA. POR ISSO, PERMANECE NEUTRA NAS PALAVRAS INICIADAS COM ELA, OU SEJA, A LETRA **H** NÃO É PRONUNCIADA.

ESCREVA, LEIA E PRONUNCIE O MEU NOME. OUÇA... O H NÃO É PRONUNCIADO!

HIPOPÓTAMO

COMPLETE AS PALAVRAS COM AS SÍLABAS CORRESPONDENTES FORMADAS COM **H**.

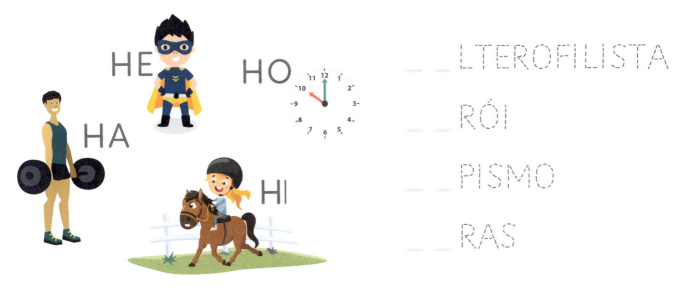

AJUDE O **HOMEM DAS NEVES** A VOLTAR PARA SUA MONTANHA NO **HIMALAIA**.

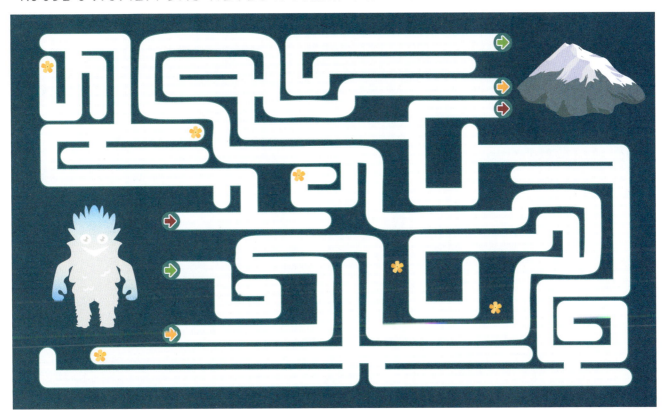

ESCREVA QUANTAS TACADAS O JOGADOR DE **HÓQUEI** DEU ATÉ O GOL!

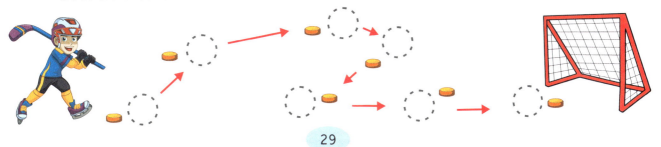

J  JACARÉ

ESCREVA SOBRE AS LETRAS J TRACEJADAS E AS SÍLABAS FORMADAS.

J J J J J J J
JA JE JI JO JU JÃO

COMPLETE AS PALAVRAS COM AS INICIAIS DENTRO DOS CÍRCULOS E ESCREVA SOBRE AS DEMAIS LETRAS TRACEJADAS.

 (JA) ...RDINEIRO

...GUE (JE)

 (JI) ...BOIA

...DOCA (JU)

 (JO) ...ANINHA

30

JESUS ENSINA E BRINCA COM AS CRIANÇAS. ELE AS CONHECE E AS CHAMA PELO NOME. ESCREVA SOBRE OS TRACEJADOS E DESCUBRA O NOME DE CADA UMA DELAS LIGANDO OS NÚMEROS!

ESCREVA AS PALAVRAS ABAIXO NAS LINHAS PONTILHADAS: **JANELA, JUNINO, JOVEM, JOGADOR, JOGO, JARRA.** DEPOIS, LIGUE-AS ÀS FIGURAS!

JANE LEVARÁ UMA PLANTINHA PARA O AMIGO JONAS PLANTAR EM SEU JARDIM! PARA ISSO, ELA DEVE ANDAR DE **A** A **J**. ESCREVA AS LETRAS!

L LEITURA

ESCREVA SOBRE AS LETRAS L TRACEJADAS E AS SÍLABAS FORMADAS.

SOME AS SÍLABAS DE ACORDO COM OS NÚMEROS CORRESPONDENTES, PARA FORMAR E ESCREVER AS PALAVRAS CONTENDO A LETRA L REPRESENTADAS PELAS FIGURAS:

1 LA	2 LE	3 LI	4 LO	5 LU	6 LÃO
7 VA	8 PU	9 BO	10 VRO	11 BA	12 ÃO

 5 + 7

 9 + 4

 2 + 12

 4 + 9

 3 + 10

 8 + 1

 9 + 1

 11 + 6

LEO, LUNA E LICO FORAM BRINCAR NA LAMA. ESCREVA SOBRE AS LETRAS TRACEJADAS E LEIA O QUE ACONTECEU COM CADA UM DELES!

LÉO MANCHOU O XALE.

LUNA SUJOU O CABELO.

LICO FICOU ENLAMEADO.

ENCONTRE E CIRCULE, NO **DIAGRAMA** (HORIZONTAL E VERTICAL), O NOME DAS FIGURAS. DEPOIS, ESCREVA SOBRE AS PALAVRAS, PARA DESTACÁ-LAS.

QUAL É O CAMINHO QUE A LAGARTA PERCORRERÁ PARA ENCONTRAR SUA AMIGA LESMINHA? TRACE SOBRE O CAMINHO SEM INTERRUPÇÃO. ESCREVA SOBRE O NOME DELAS.

LAGARTA

LESMINHA

M  MACACO

ESCREVA SOBRE AS LETRAS M TRACEJADAS E AS SÍLABAS FORMADAS.

M M M M M M M M

MA ME MI MO MU MÃO

FAÇA AS ATIVIDADES DA LETRA M A SEGUIR COM MUITA DEDICAÇÃO!

ESCREVA AS FRASES AO LADO DAS FIGURAS:

A MAMÃE ME AMA.

A MENINA AMA MÚSICA.

MONKI É UM MACACO MALUCO.

IDENTIFIQUE AS FRUTAS CORTADAS AO MEIO. EM SEGUIDA, ESCREVA SOBRE OS NOMES E LIGUE-OS ÀS IMAGENS CORRESPONDENTES.

MAÇÃ

MAMÃO

MANGA

MELÃO

MARACUJÁ

MELANCIA

MARQUE UM X NOS PERSONAGENS CUJO NOME DA ATIVIDADE QUE EXERCEM COMEÇA COM A LETRA M. ESCREVA O NOME DE CADA ATIVIDADE.

A MARMOTA ESTÁ VENDO NO MAPA QUAL É A PASSAGEM PELO TÚNEL ATÉ O NINHO. TRACE O CAMINHO E ESCREVA TODAS AS LETRAS M QUE ENCONTRAR NELE.

JUNTE AS SÍLABAS E FORME A PALAVRA DESTA MODALIDADE ESPORTIVA QUE COMEÇA COM A LETRA M.

35

N  NAVIO

ESCREVA SOBRE AS LETRAS N TRACEJADAS E AS SÍLABAS FORMADAS.

N N N N N N N N

NA NE NI NO NU NÃO

JUNTE SÍLABAS PARA FORMAR PALAVRAS COM A LETRA N. ESCREVA ALGUMAS NOS DIAGRAMAS E OUTRAS SOBRE OS TRACEJADOS.

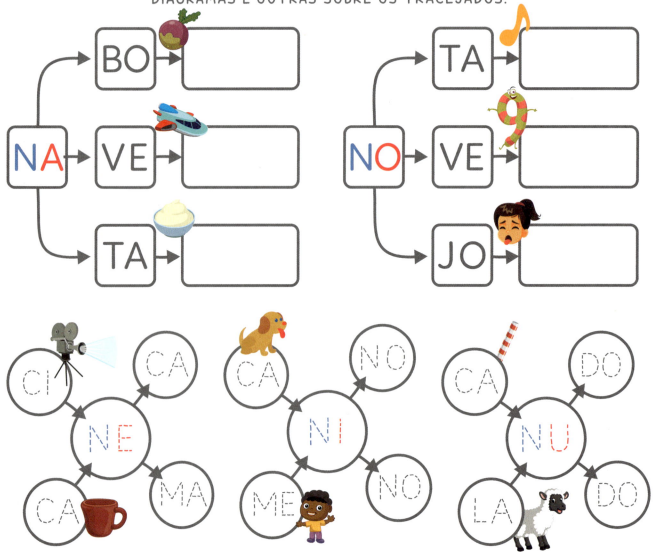

COMPLETE AS PALAVRAS ESCREVENDO SOBRE AS SÍLABAS **NA**, **NE**, **NI**, **NO**, **NU**.

MA NA DA
A NE DOTA
A NI VERSÁRIO
INVER NO
A NU AL

VEJA AS FIGURAS DENTRO DAS NUVENS E, ABAIXO DE CADA UMA DELAS, ESCREVA AS SÍLABAS COM A LETRA **N** QUE FALTAM PARA COMPLETAR AS PALAVRAS.

....VEM ....NHO BUZI....

....TAS CA....TA CHI....LO

....RIZ JA....LA ME........

37

P  PANDA

ESCREVA SOBRE AS LETRAS **P** TRACEJADAS E AS SÍLABAS FORMADAS.

P P P P P P P P

PA PE PI PO PU PÃO

ESCREVA SOBRE AS PALAVRAS COM LETRA **P** E DESTAQUE A SÍLABA QUE ELA APARECE.

| PAPAI | PENA | PICO | POLO | PULO | JAPÃO |

PEDRITA GANHOU UM LINDO **PÔNEI**! O NOME DELE É **PÉGASO**. E ADIVINHA QUEM É O MELHOR AMIGO DELES? É O CAVALINHO **POCOTÓ**! ESCREVA O NOME DOS TRÊS AMIGUINHOS PARCEIROS E LIGUE CADA NOME AO SEU PERSONAGEM.

PEDRITA   PÉGASO   POCOTÓ

COMPLETE AS FRASES ESCREVENDO SOBRE AS PALAVRAS TRACEJADAS COM LETRA **P**. DEPOIS, LEIA O TEXTO.

PIPOCAS NA PANELA ESTOURAM SEM PARAR SEM TAMPA, ELAS PULAM PARA TODO LUGAR!

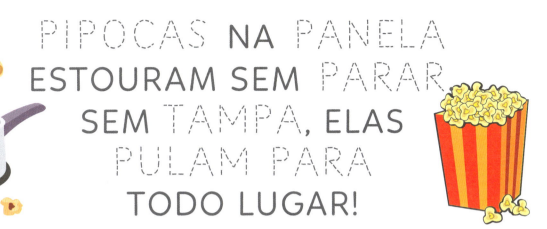

AJUDE O PIRATA PERNA-DE-PAU A CONTAR OS PIRATAS DO NAVIO INVASOR DA SUA ILHA! ESCREVA A QUANTIDADE NO BALÃO DE FALA.

ESTE ANIMALZINHO É AMARELO! ELE É UM PATINHO, NOME QUE COMEÇA COM A LETRA **P**!

 QUAC! QUAC!  SOU UM PATINHO. QUAC!

ESCREVA SOBRE AS LETRAS Q TRACEJADAS E AS SÍLABAS FORMADAS.

PRATIQUE COM **QUA**, **QUE**, **QUI**, **QUO** NAS PALAVRAS E NA FRASE ABAIXO:

ARQUITETO
QUADRO
QUATI
AQUARELA
QUOTA
QUORUM
AQUOSO
ALÍQUOTA
ESQUILO
QUERIDO

QUELI ESTÁ PINTANDO UM QUADRO E DANDO OS RETOQUES FINAIS.

ESCREVA SOBRE AS PALAVRAS TRACEJADAS ABAIXO, QUE SÃO ESCRITAS COM Q. E, NA FIGURA À DIREITA, ESCREVA O NOME ORDENANDO AS LETRAS CONFORME A NUMERAÇÃO.

QUITÉRIA QUEIMOU O BRAÇO COM ÁGUA QUENTE.

QUE DOR!

4	2	6	1	3	5
R	U	O	Q	A	T

ESCREVA QU NOS QUADRADINHOS VAZIOS DA CRUZADINHA E CUBRA AS LETRAS TRACEJADAS **PARA COMPLETAR AS PALAVRAS** REPRESENTADAS PELAS FIGURAS.

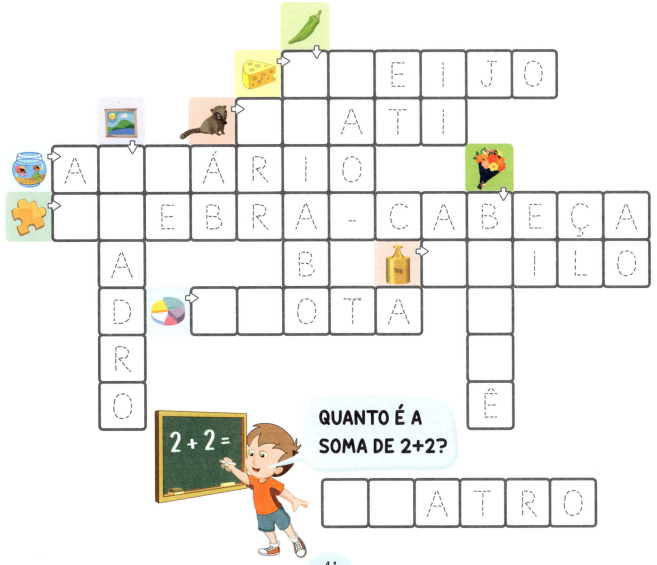

QUANTO É A SOMA DE 2+2?

RENA

ESCREVA SOBRE AS LETRAS **R** TRACEJADAS E AS SÍLABAS FORMADAS.

R R R R R R R

RA RE RI RO RU RÃO

TREINE ESCREVENDO E FORMANDO PALAVRAS COM SÍLABAS A PARTIR DA LETRA **R**.

RARO REDE RICO ROMA RUMO PORÃO

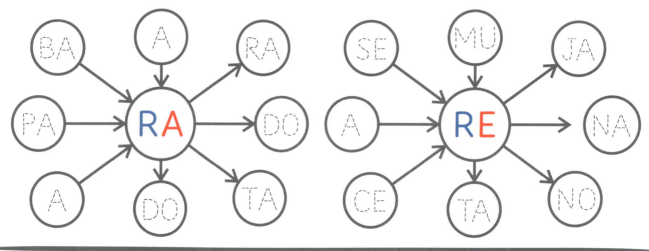

VAMOS COLORIR E ESCREVER NAS PLACAS AS LETRAS QUE COMPÕEM O NOME DESTE CONHECIDO ANIMALZINHO!

ROMEU SORRIU E AGRADECEU PELO ALMOÇO QUE A MAMÃE PREPAROU! ESCREVA O QUE ELE ESTÁ FAZENDO, O NOME DOS ALIMENTOS DO SEU PRATO E CIRCULE OS QUE CONTÊM A LETRA R.

REFEIÇÃO

- ALFACE
- OVO
- ARROZ
- FRANGO

VAMOS LER A HISTORINHA DO RATINHO E DO ELEFANTE? ESCREVA O TÍTULO DESTACANDO A SÍLABA RA.

O RATINHO E O ELEFANTE

CERTA VEZ, UM RATINHO QUE TINHA MUITOS AMIGOS QUIS TER MAIS UM... ELE PENSOU E DECIDIU TER UM AMIGÃO!
ENTÃO, APROXIMOU-SE DO ELEFANTE QUE, AO VER O RATINHO, TOMOU UM TREMENDO SUSTO!
— CALMA, AMIGÃO! APENAS QUERO SER SEU AMIGO — DISSE O RATINHO, CONSTRANGIDO. — VAMOS SER GRANDES AMIGOS!
— IMPOSSÍVEL!!! VOCÊ É TÃO PEQUENO E EU TÃO GRANDE! — RESPONDEU O GIGANTESCO ELEFANTE.
— CLARO QUE É POSSÍVEL! NÃO IMPORTA NOSSO TAMANHO... O QUE IMPORTA É QUE SEREMOS GRANDES AMIGOS!

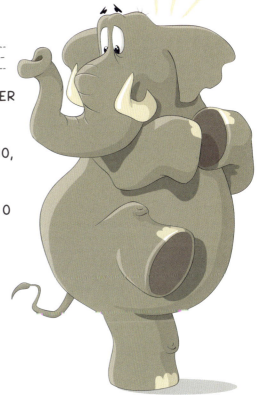

SOU UM ANIMAL MUITO FORTE! VOCÊ SABE QUEM SOU? MEU NOME COMEÇA COM R.

_ INOCE _ ONTE

ESCREVA AS LETRAS QUE FALTAM E ESCREVA SOBRE AS DEMAIS!

43

S  SEREIA

ESCREVA SOBRE AS LETRAS S TRACEJADAS E AS SÍLABAS FORMADAS.

S S S S S S S

SA SE SI SO SU SÃO

FORME PALAVRAS COM AS SÍLABAS DO SOPÃO E ESCREVA-AS NO QUADRO BRANCO.

ESCREVA A LETRA S QUE FALTA NAS PALAVRAS E ESCREVA SOBRE AS LETRAS TRACEJADAS.

_OLDADO
_ACO
_U_TO
_AMURAI
_ONÂMBULO
_UBMARINO

ESCREVA SOBRE TODAS AS PALAVRAS COM A LETRA S E LEIA O QUE O SAPO FEZ!

O SAPO VIU A MOSCA E QUIS SENTIR O SABOR.

EM SEGUIDA, VIU OUTRO INSETO E SALTOU SORRINDO PARA O SAUDAR!

LEIA A FRASE E ESCREVA SOBRE AS PALAVRAS TRACEJADAS QUE CONTÊM A LETRA S!

SAUL FAZ MANOBRAS DE SKATE E SULI PREFERE UMA SONECA NO SOFÁ!

T  TREM

ESCREVA SOBRE AS LETRAS T TRACEJADAS E AS SÍLABAS FORMADAS.

T T T T T T T

TA TE TI TO TU TÃO

ESCREVA SOBRE AS PALAVRAS E SUBLINHE AS SÍLABAS COM A LETRA T.

 EU SOU A TARTARUGA.

TACO

TEIA

 EU SOU O TATU.

TIGELA

TOALHA

 EU SOU O TUBARÃO.

TURISTA

 EU SOU O TUCANO.

PIMENTÃO

46

PINTE O TRATOR COM AS CORES DO MODELO MENOR E O NOME DELE COM CADA LETRA DE UMA COR.

ESCREVA SOBRE AS PALAVRAS TRACEJADAS E LIGUE AS FRASES ÀS RESPECTIVAS FIGURAS:

AS PANTUFAS ESTÃO SOBRE O TAPETE!

O TIGRE TEM UM TREVO!

A TORTA É UMA TENTAÇÃO!

O TENISTA SACOU E A BOLA FEZ TÓIN-TÓIN NA QUADRA. CUBRA OS TÓINS E, NOS CÍRCULOS, ESCREVA QUANTOS TÓINS A BOLA FEZ!

V  VACA

ESCREVA SOBRE AS LETRAS V TRACEJADAS E AS SÍLABAS FORMADAS.

ENCONTRE E ESCREVA O NOME DAS FIGURAS NO CAÇA-PALAVRAS E PINTE O VIOLÃO!

VAN

VASO

VULCÃO

VENTILADOR

VESPA

```
A T C V L V L U P A
I B O A A I V H A L
A V A S S O U R A I
O A T O I L L U L X
R N R M N Ã C H Á E
V E S P A O Ã H P I
O S C V A Y O A I R
V E N T I L A D O R
Ó A Ç O A F G H A I
```

VASSOURA

VOVÓ

VIOLÃO

48

QUAL É O NOME DA CORDINHA EM QUE SE ESTENDEM ROUPAS? E COMO SE CHAMA A PEÇA DE VESTUÁRIO ESTENDIDA ABAIXO, QUE COMEÇA COM A LETRA V?

__ __ RAL   __ __ STIDO

RELACIONE CADA FRASE À SUA FIGURA E ESCREVA SOBRE AS PALAVRAS QUE CONTÊM A LETRA V.

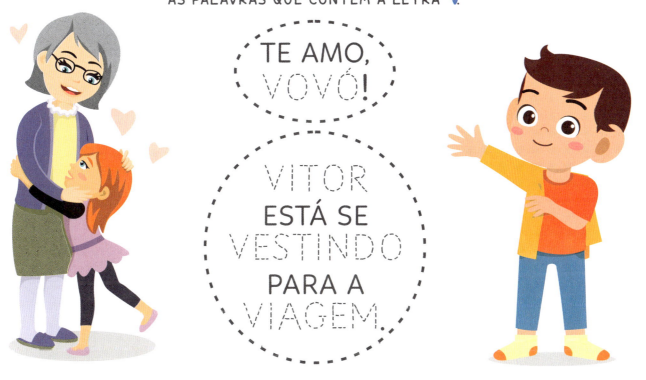

TE AMO, VOVÓ!

VITOR ESTÁ SE VESTINDO PARA A VIAGEM.

VIKY E VITÓRIA SÃO AS MELHORES JOGADORAS DE VÔLEI DA ESCOLA. ESCREVA O NOME DELAS NOS PAINÉIS.

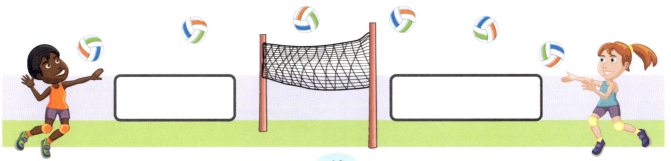

XÍCARA

ESCREVA SOBRE AS LETRAS X TRACEJADAS E AS SÍLABAS FORMADAS.

CIRCULE E ESCREVA A COR DA TECLA DO XILOFONE QUE TEM A LETRA X.
ESCREVA SOBRE AS LETRAS DO NOME DAS DEMAIS CORES TAMBÉM.

LEIA A FRASE E ESCREVA SOBRE AS PALAVRAS QUE CONTÊM A LETRA X.

NO XADREZ, VENCE QUEM DER XEQUE-MATE!

CIRCULE A SÍLABA COM A LETRA X CORRESPONDENTE A CADA FIGURA. EM SEGUIDA, COMPLETE OS NOMES COM AS SÍLABAS INICIAIS QUE FALTAM.

  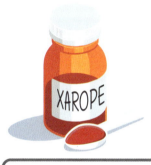

XA XE	XA XE	XA XE
XI XO	XI XO	XI XO
XU XÃO	XU XÃO	XU XÃO

....RIFE XI   ....ROPE

ESCREVA:

   O BEBÊ LAVOU O CABELO COM

51

Z

ZÍPER

ESCREVA SOBRE AS LETRAS Z TRACEJADAS E AS SÍLABAS FORMADAS.

Z Z Z Z Z Z Z Z

ZA ZE ZI ZO ZU ZÃO

ESCREVA SOBRE AS LETRAS TRACEJADAS PARA COMPLETAR AS PALAVRAS E CIRCULE O NOME DO ANIMAL AQUI REPRESENTADO PELA LETRA Z.

ZANGÃO
ZEBRA
ZINCO
ZONA
ZUNIR
ALAZÃO

ZANGADO
BELEZA
BAZAR
ZONZO
VIZINHO
ZUMBIDO

AJUDE ZUZU A CHEGAR À CABANA. TRACE O CAMINHO E ESCREVA O NOME DELE.

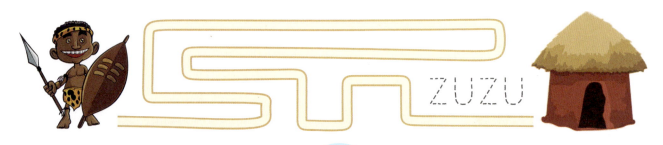

ZUZU

PINTE O DIRIGÍVEL ZEPELIM COM AS CORES QUE VOCÊ PREFERIR!

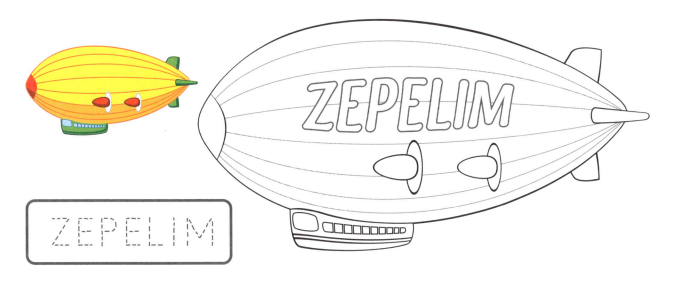

ZEPELIM

ESCREVA O NOME DOS ANIMAIS DO ZOO! NUMERE-OS DE ACORDO COM O NOME.

① ZEBRA ② CROCODILO ③ URSO
④ MACACO ⑤ ELEFANTE ⑥ TATU
⑦ ONÇA ⑧ COBRA ⑨ TARTARUGA

K  W  Y

ESCREVA SOBRE AS LETRAS K, W E Y TRACEJADAS.

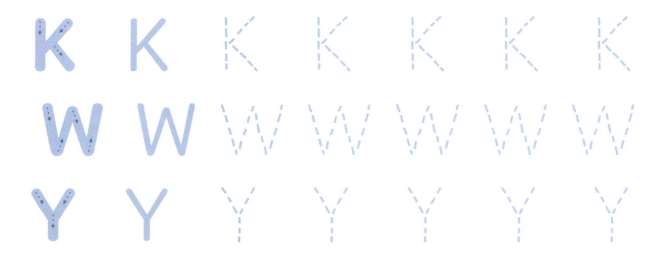

AS LETRAS K, W E Y SÃO USADAS EM NOSSA LÍNGUA EM NOMES E PALAVRAS DE ORIGEM ESTRANGEIRA, TAIS COMO **KIWI**, **WINDSURFE** E **YOGA**. TAMBÉM EM SÍMBOLOS E SIGLAS COMO **KG** (QUILOGRAMA) E **W** (WATT).

ESCREVA SOBRE AS SÍLABAS E AS PALAVRAS FORMADAS COM A LETRA K.

KA KE KI KO KU

 KIWI

KETCHUP   KART

54

ESCREVA SOBRE AS SÍLABAS E AS PALAVRAS FORMADAS COM A LETRA W.

WA   WE   WI   WO   WU

WEBCAM

WINDSURFE

WAFER

ESCREVA SOBRE AS SÍLABAS E AS PALAVRAS FORMADAS COM A LETRA Y.

YA   YE   YI   YO   YU

YASMIN

YAKISOBA

YOGA

ESCREVA SOBRE O NOME DOS TRÊS AMIGUINHOS QUE SE INICIAM COM AS LETRAS K, W E Y. EM SEGUIDA, DIGA O NOME DO QUE ELES ESTÃO BRINCANDO!

KARINA   WILIAN   YAGO

ALFABETO

DESCUBRA QUAL É A LETRA A DA ENTRADA VERDADEIRA QUE O PIRATA DEVERÁ PERCORRER, DE A A Z, ATÉ A ILHA DO TESOURO! TRACE PELO CAMINHO CERTO, ESCREVENDO AS LETRAS DO ALFABETO DO PERCURSO.

CAMINHE COM AS FORMIGUINHAS PELO CAMINHO ALFABÉTICO, ESCREVENDO SOBRE AS LETRAS PONTILHADAS E COMPLETANDO AS QUE FALTAM!

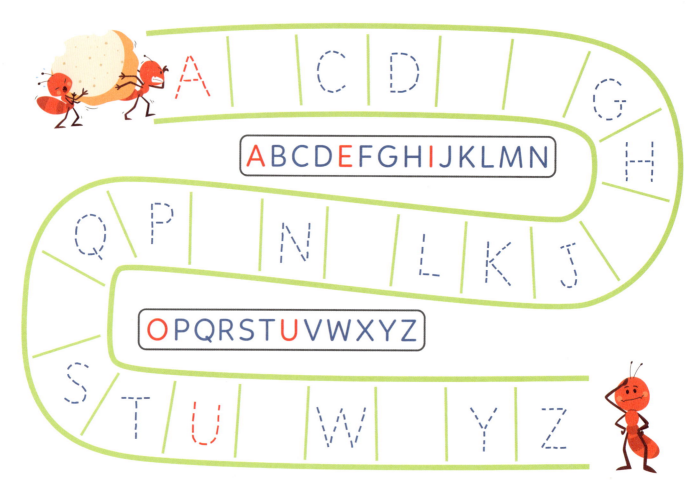

QUAL É O CAMINHO QUE LEVA O SAPO À LAGOA? ESCREVA AS VOGAIS!

SILABÁRIO
SIMPLES

	A	E	I	O	U	ÃO
B	BA	BE	BI	BO	BU	BÃO
C	CA	CE	CI	CO	CU	CÃO
D	DA	DE	DI	DO	DU	DÃO
F	FA	FE	FI	FO	FU	FÃO
G	GA	GE	GI	GO	GU	GÃO
H	HA	HE	HI	HO	HU	HÃO
J	JA	JE	JI	JO	JU	JÃO
K	KA	KE	KI	KO	KU	—
L	LA	LE	LI	LO	LU	LÃO
M	MA	ME	MI	MO	MU	MÃO
N	NA	NE	NI	NO	NU	NÃO
P	PA	PE	PI	PO	PU	PÃO
Q	QUA	QUE	QUI	QUO	—	QUÃO
R	RA	RE	RI	RO	RU	RÃO
S	SA	SE	SI	SO	SU	SÃO
T	TA	TE	TI	TO	TU	TÃO
V	VA	VE	VI	VO	VU	VÃO
W	WA	WE	WI	WO	WU	—
X	XA	XE	XI	XO	XU	XÃO
Y	YA	YE	—	YO	YU	—
Z	ZA	ZE	ZI	ZO	ZU	ZÃO

MAIÚSCULAS e minúsculas

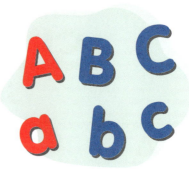

OBSERVE O **ALFABETO** E ESCREVA SOBRE AS MAIÚSCULAS E MINÚSCULAS TRACEJADAS.

Aa Aa	Bb Bb	Cc Cc
Dd Dd	Ee Ee	Ff Ff
Gg Gg	Hh Hh	Ii Ii
Jj Jj	Kk Kk	Ll Ll
Mm Mm		Nn Nn
Oo Oo	Pp Pp	Qq Qq
Rr Rr	Ss Ss	Tt Tt
Uu Uu	Vv Vv	Ww Ww
Xx Xx	Yy Yy	Zz

COMPLETE O ALFABETO ESCREVENDO AS LETRAS MINÚSCULAS QUE FALTAM NOS ANÉIS DA MINHOCA.

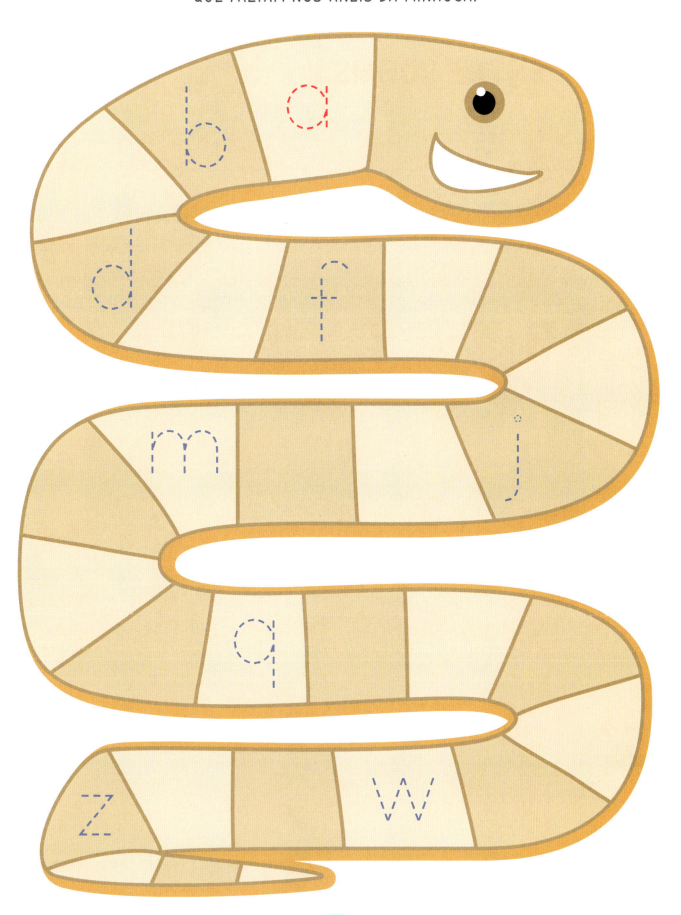

LETRA R ENTRE VOGAIS

ARARA

A LETRA **R** NO INÍCIO DAS PALAVRAS TEM SOM FORTE: **RITA**
ENTRE VOGAIS, O SOM É SUAVE: **URANO**

PINTE O QUADRADINHO DO **R** COM SOM FORTE DE AMARELO E O QUADRADINHO DE SOM MAIS SUAVE DE ROSA. ESCREVA!

R A T O E I R A

ESCREVA PALAVRAS COM A LETRA **R** COM SOM FORTE E COM SOM SUAVE.

LETRA R FORTE	LETRA R SUAVE

DÍGRAFO RR

BARRACA

USAMOS **RR** ENTRE VOGAIS E O **SOM É FORTE**, COMO POR EXEMPLO: **GARRAFA**.

PINTE O QUADRADINHO DO **RR** DE VERDE CLARO E ESCREVA SOBRE AS LETRAS TRACEJADAS DA PALAVRA.

S O R R I S O S

ESCREVA PALAVRAS COM **RR** PRONUNCIADAS COM SOM DE **R** FORTE.

ESCREVA AS PALAVRAS COM RR

63

LETRA S ENTRE VOGAIS

CASAR

NAS PALAVRAS EM QUE O S FICA ENTRE VOGAIS, ELE É PRONUNCIADO COM SOM DE Z:

CUBRA AS LETRAS TRACEJADAS E PINTE O QUADRADINHO DO S EM AMARELO E O QUADRADINHO DO Z EM AZUL!

CASA

GAZELA

ESCREVA SOBRE AS PALAVRAS COM A LETRA S COM SOM FORTE E PALAVRAS COM SOM DE Z.

LETRA S FORTE	LETRA S SOM DE Z

DÍGRAFO SS

PÁSSARO

USAMOS **SS** ENTRE VOGAIS E O SOM É FORTE, COMO POR EXEMPLO: **SOSSEGO**.

PINTE OS QUADRADINHOS DOS **SS** BEM COLORIDOS E ESCREVA SOBRE AS PALAVRAS.

ESCREVA PALAVRAS COM **SS** PRONUNCIADAS COM SOM FORTE.

ESCREVA SOBRE AS PALAVRAS TRACEJADAS COM SS

CLASSE
PESSOA
SUCESSO
MISSÃO

LETRA Ç CEDILHA

PALHAÇO

ESCREVA SOBRE AS LETRAS Ç TRACEJADAS E AS SÍLABAS FORMADAS.

Ç Ç Ç Ç Ç Ç Ç

ÇA ÇO ÇU ÇÃO

A LETRA Ç É USADA ENTRE VOGAIS NAS PALAVRAS E REPRESENTA O MESMO SOM QUE SS.

COMPLETE E ESCREVA SOBRE AS PALAVRAS COM AS SÍLABAS ÇA, ÇO, ÇU E ÇÃO.

CAL____

PO____

CORA____

A____CAR

LA____

PESCO____

66

DÍGRAFO CH

CHAPÉU

ESCREVA SOBRE AS SÍLABAS COM CH NO QUADRO ESCOLAR.

CHA   CHE   CHI
CHO   CHU   CHÃO

COMPLETE AS PALAVRAS E RESOLVA AS CRUZADINHAS COM **CHA**, **CHE**, **CHI**, **CHO**, **CHU** E **CHÃO**.

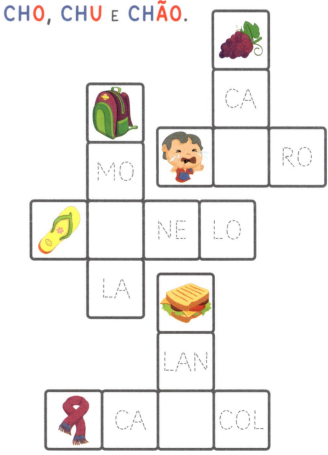

DÍGRAFO
LH

ERVI**LHA**

ESCREVA SOBRE AS SÍLABAS COM LH NO QUADRO ESCOLAR.

**LHA LHE LHI
LHO LHU LHÃO**

PINTE AS FIGURAS. DEPOIS, ESCREVA SOBRE AS LETRAS TRACEJADAS, COMPLETANDO AS PALAVRAS E AS SÍLABAS NOS ESPAÇOS PONTILHADOS.

MI....

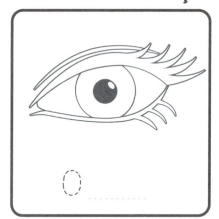

O....

OVE....

REPO....

ESPE....

COE....

DÍGRAFO
NH

CEGO**NH**A

ESCREVA SOBRE AS SÍLABAS COM NH NO QUADRO ESCOLAR.

NHA   NHE   NHI
NHO   NHU   NHÃO

PINTE AS FIGURAS. DEPOIS, ESCREVA SOBRE AS LETRAS TRACEJADAS, COMPLETANDO AS PALAVRAS E AS SÍLABAS NOS ESPAÇOS PONTILHADOS.

ARA____

MI____CA

JOANI____

GOLFI____

CA____

CAMI____

AS ES IS OS US

ASPARGO

COPIE, ESCREVA SOBRE E PINTE.

AS	ES	IS	OS	US

COMPLETE AS PALAVRAS COM AS SÍLABAS QUE FALTAM.

 ☐ CO VA

 ☐ QUEI RO

 ☐ TRA

 ☐ QUI LO

ESCREVA SOBRE AS SÍLABAS TRACEJADAS DAS PALAVRAS E LIGUE-AS ÀS FIGURAS CORRESPONDENTES.

ESPADA

ÔNIBUS

ASPIRADOR

MOSCA

70

AZ EZ IZ OZ UZ

NAR**IZ**

COMPLETE O NOME DAS PESSOAS DA FOTO, ESCREVENDO SOBRE AS LETRAS TRACEJADAS. DESCUBRA QUEM É QUEM DE ACORDO COM A COR DAS ROUPAS.

ELIZA   EZEQUIEL   LUZIA

MARLIZ   BRAZ

OZIEL   LUIZ

COMPLETE AS PALAVRAS COM **AZ**, **EZ**, **IZ**, **OZ** E **UZ**.

CART___

XADR___

CR___

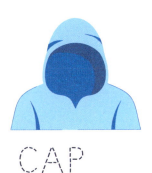
CAP___

ARR___

CHAFAR___

AL EL IL OL UL

ALPINISTA

HUMMM... QUE LETRAS SABOROSAS! COPIE-AS E AS ESCREVA NOS QUADRADINHOS.

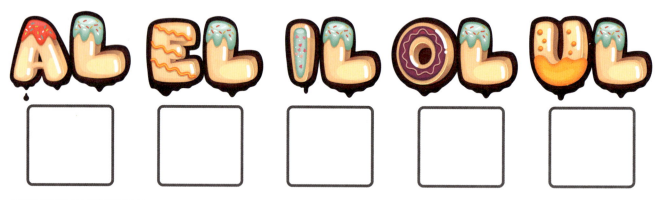

☐ ☐ ☐ ☐ ☐

ESCREVA SOBRE AS PALAVRAS E LIGUE-AS COM AS FIGURAS CORRESPONDENTES.

		CONFORME O EXEMPLO, ACRESCENTE **L** APÓS A VOGAL EM DESTAQUE.

FAROL   PASTEL

ALFACE   BALDE

SALSICHA   CARACOL

SOL   ANEL

FUNIL   BARRIL

AMA	ALMA
ATO	
CAMA	
POPA	
POVO	
CAÇA	
TACO	
TODO	

AR ER IR OR UR

CIRCO

ARTUR VIU ALGUMAS ILUSTRAÇÕES NO LIVRO. CUBRA AS LETRAS TRACEJADAS PARA COMPLETAR AS PALAVRAS, QUE SÃO AQUELAS QUE ELE VIU, E LIGUE-AS.

CORVO

MORDER

ANOTAR

URSO

VOAR

PATINAR

CAIR

NA HISTORINHA, PAPAI LEU PALAVRAS COM **AR**, **ER**, **IR**, **OR** E **UR** DAS FIGURAS REPRESENTADAS ABAIXO. ESCREVA AS PALAVRAS E DESTAQUE ESSAS SÍLABAS!

AN EN IN ON UN

ANJO

PINTE AS SÍLABAS NA LAGARTA!

COLOQUE AS SÍLABAS EM ORDEM PARA FORMAR O NOME DAS FIGURAS.

 SA CE PRIN

 NHA DO AN RI

 NA TE AN

 TE PEN SER

CONFORME O EXEMPLO, ACRESCENTE **N** APÓS A VOGAL EM DESTAQUE.

BODE	BONDE
MUDO	
SETA	
POTE	
CATO	

AM EM IM OM UM

AT**UM**

CUBRA AS PALAVRAS TRACEJADAS DESTACANDO EM VERMELHO
AM, **EM**, **IM**, **OM** E **UM**.

AMARELO

EMBURRADO

POMBA

AMEND**OI**M

B**U**MBO

B**O**MB**O**M

A**M**POLA

A**M**BULÂNCIA

NÃO ESQUEÇA! ANTES DE **B** E DE **P**, SEMPRE SE ESCREVE A LETRA **M**.

CONFORME O EXEMPLO, ACRESCENTE **M** APÓS A VOGAL EM DESTAQUE.

TAPA	TAMPA
BOBA	
SOBRA	
POPA	
CAPO	

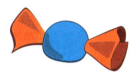

Ã ÃO

CAMPEÃ
CAMPEÃO

CUBRA Ã E ÃO. EM SEGUIDA, ESCREVA AS PALAVRAS E PINTE AS FIGURAS.

 MAÇÃ

 BALÃO

 RÃ

 TIMÃO

 AVELÃ

 MAMÃO

 ROMÃ

 AVIÃO

76

O PIRATA **JANJÃO** TEM UM BOM **CORAÇÃO**!
CUBRA E COMPLETE AS PALAVRAS.

CONDUZA O TUBARÃO **TITÃ** ATÉ A ILHA DO PIRATA **JANJÃO**. CUBRA E COMPLETE OS NOMES AO LADO!

CONSOANTE +R

BRASIL

CUBRA AS SÍLABAS FORMADAS COM A LETRA R.

BRA BRE BRI BRO BRU

CRA CRE CRI CRO CRU

DRA DRE DRI DRO DRU

FRA FRE FRI FRO FRU

GRA GRE GRI GRO GRU

PRA PRE PRI PRO PRU

TRA TRE TRI TRO TRU

VRA VRE VRI VRO VRU

LETRA R APÓS CONSOANTE

JUNTE AS SÍLABAS E ESCREVA AO LADO AS PALAVRAS QUE ELAS FORMAM.

BRA + ÇO →

CRE + ME →

DRA + GÃO →

FRA + TER + NO →

GRU + DAR →

PRI + MOS →

TRO + PE + ÇO →

LI + VRO →

ACRESCENTE A LETRA R APÓS A LETRA INICIAL DE CADA PALAVRA E ESCREVA PARA FORMAR NOVAS PALAVRAS.

GATO	GRATO	CAVO	
BOCA		TATO	
PATA		FACA	
TOCO		FEIO	
BOTO		TAÇA	

CONSOANTE + L

BICICLETA

CUBRA AS SÍLABAS FORMADAS COM A LETRA L.

BLA BLE BLI BLO BLU

CLA CLE CLI CLO CLU

DLA DLE DLI DLO DLU

FLA FLE FLI FLO FLU

GLA GLE GLI GLO GLU

PLA PLE PLI PLO PLU

TLA TLE TLI TLO TLU

VLA VLE VLI VLO VLU

LETRA L APÓS CONSOANTE

CUBRA AS PALAVRAS DESTACANDO AS SÍLABAS FORMADAS COM A LETRA L. APÓS ESCREVER, LEIA EM VOZ ALTA!

FLAUTA — CLIPE — GLOBO
FLECHA — ATLETA — IGLU
PLANETA — BLUSA — FLOR

JUNTE AS SÍLABAS ESCREVENDO AS PALAVRAS FORMADAS POR ELAS NOS ESPAÇOS VAZIOS AO LADO.

CLU	BE	
PLU	MA	
FLO	COS	
CLI	QUE	
A	TLAS	

GLA	CÊ	
CLA	RO	
CLI	MA	
PLA	CAR	
BLO	CO	

SONS DO X

OI, SOU O XIS!

CONHEÇA E PRATIQUE OS SONS DA LETRA X!

LEIA EM VOZ ALTA E PERCEBA OS DIFERENTES SONS DA LETRA X!

SONS DA LETRA X

 X SOM DE CH (LIXO)

 X SOM DE SS (MÁXIMO)

 X SOM DE S (EXPLICAR)

 X SOM DE Z (EXAME)

 X SOM DE CS (AXILA)

ESCREVA E PRONUNCIE:

XILOFONE

(SOM DE CH = CHILOFONE)

ESCREVA E LIGUE AS PALAVRAS EM QUE A LETRA X TEM O MESMO SOM.
ATENTE-SE ÀS CORES!

X = CH	LIXO	SEXTO
X = SS	PRÓXIMO	EXATO
X = S	TEXTO	FIXO
X = Z	EXEMPLO	XERIFE
X = CS	MAXILAR	AUXÍLIO

LIGUE AS PALAVRAS À PRONÚNCIA DA LETRA X NAS CAIXINHAS ABAIXO DELAS.

EXAME   SAXOFONE   CAIXA   PROXIMIDADE   EXPLORAR

 X = CH X = SS X = S X = Z X = CS

SÍLABAS

ME LAN CIA

AS SÍLABAS SÃO CONJUNTOS DE LETRAS QUE, UNIDAS, FORMAM UMA PALAVRA!

ESCREVA SOBRE AS PALAVRAS E SEPARE AS SÍLABAS ESCREVENDO-AS NAS DIVISÕES ABAIXO:

 SAPO

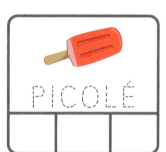 PICOLÉ

 ESPONJA

 CORUJA

 ALMOFADA

 PIPA

 ESTOJO

 BALEIA

 MENINA

 MACACO

 FILHOTE

 FORMA

 GUINDASTE

 FOCA

 PEDALAR

 FOGO

DÍGRAFOS COM **RR** E **SS** SÃO SEPARADOS EM SÍLABAS DIFERENTES, COMO O EXEMPLO: | OSSO → OS | SO

JUNTE AS SÍLABAS E ESCREVA AS PALAVRAS NOS RETÂNGULOS ABAIXO DELAS:

TER | RA   CAR | RO   FER | RO

JAR | RA   CAR | ROS | SEL   PÊS | SE | GO

SEPARE AS SÍLABAS E ESCREVA-AS NOS RETÂNGULOS ABAIXO DELAS:

ARROZ   CARRUAGEM   GIRASSOL

PÁSSARO   CARRETEL   ASSADEIRA

85

PLURAL

ESCREVA AS PALAVRAS NO PLURAL ACRESCENTANDO S À ÚLTIMA VOGAL.

PÔNEI · ABOBRINHA · MAÇÃ

PIRATA · TORRADEIRA · MALA

GATO · CACHORRO · GOLFINHO

FRANGO · FRIGIDEIRA · TOUPEIRA

FORME O PLURAL, ACRESCENTANDO ES NO FINAL, APÓS O R.

AMOR	AMORES	COLAR	
MULHER		FAVOR	
TRATOR		PASTOR	
COLHER		TAMBOR	

FORME O PLURAL, ACRESCENTANDO ES NO FINAL, APÓS O Z.

LUZ	LUZES	RAPAZ	
ATRIZ		FELIZ	
VOZ		GIZ	
CAPAZ		VOZ	

FORME O PLURAL, SUBSTITUINDO O M POR NS NO FINAL.

JARDIM	
BATOM	
NUVEM	
BOMBOM	

ACRESCENTE A LETRA S À ÚLTIMA VOGAL E FORME O **PLURAL**.

IRMÃO	
CIDADÃO	
CRISTÃO	
GRÃO	

FORME O PLURAL, SUBSTITUINDO O ÃO POR ÕES NO FINAL.

AVIÃO	
LEÃO	
BALÃO	
FEIJÃO	
LIMÃO	
MAMÃO	

FORME O PLURAL, SUBSTITUINDO O ÃO POR ÃES NO FINAL.

CAPITÃO	
ALEMÃO	
CÃO	
PÃO	

ANTÔNIMOS E SINÔNIMOS

PALAVRAS COM SENTIDOS CONTRÁRIOS SÃO: **ANTÔNIMOS**
RÁPIDO = LENTO
DEVAGAR = DEPRESSA
LIGEIRO = DEMORADO

PALAVRAS COM SENTIDOS SEMELHANTES SÃO: **SINÔNIMOS**
RÁPIDO = VELOZ
DEVAGAR = VAGAROSO
LIGEIRO = ÁGIL

ESCREVA OS **ANTÔNIMOS**:

LONGE | PERTO

ESCREVA OS **SINÔNIMOS**:

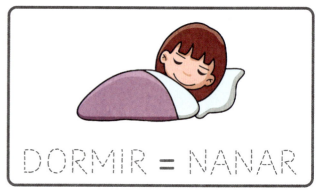

DORMIR = NANAR

PINTE O **ANTÔNIMO** DE CADA PALAVRA:

MACIO	MOLE	DURO
CEDO	MANHÃ	TARDE
FELIZ	TRISTE	ALEGRE
INÍCIO	FINAL	COMEÇO
FRENTE	VERSO	COSTAS
FÁCIL	DIFÍCIL	NORMAL

PINTE O **SINÔNIMO** DE CADA PALAVRA:

ANIMAL	PLANTA	BICHO
PULO	SALTO	POUSO
MENINO	IDOSO	GAROTO
AMIGO	ALIADO	INIMIGO
IRMÃO	PRIMO	MANO
CAMA	LEITO	LENÇOL

LIGUE OS **ANTÔNIMOS** CORRESPONDENTES E ESCREVA SOBRE AS PALAVRAS.

 LENTO

 CHEIO

 ABERTO

 VAZIO

 FECHADO

 VELOZ

MARQUE [A] PARA **ANTÔNIMOS** E [S] PARA **SINÔNIMOS**.

☐	ALTO	BAIXO
☐	SUSTO	PAVOR
☐	FORTE	FRACO
☐	QUEDA	TOMBO
☐	LONGO	COMPRIDO
☐	MUITO	POUCO
☐	QUENTE	FRIO

ESCREVA E PINTE:

ABERTO

FECHADO

89

AUMENTATIVO E DIMINUTIVO

QUANDO NOS REFERIMOS A GRAU DE TAMANHO, PODEMOS DIZER:

PORQUINHO
(DIMINUTIVO)

PORCO
(GRAU NORMAL)

PORCÃO
(AUMENTATIVO)

ESCREVA O NOME DESTAS FIGURAS NO **AUMENTATIVO**.

SAPÃO   CAVALÃO   CARRÃO

ESCREVA O NOME DESTAS FIGURAS NO **DIMINUTIVO**.

ESTRELINHA   GATINHO   COELHINHO

O **AUMENTATIVO** É...

O **DIMINUTIVO** É...

ESCREVA NO **AUMENTATIVO** E NO **DIMINUTIVO** O NOME DAS SEGUINTES FIGURAS:

URSÃO

URSINHO

CANGURUZÃO

CANGURUZINHO

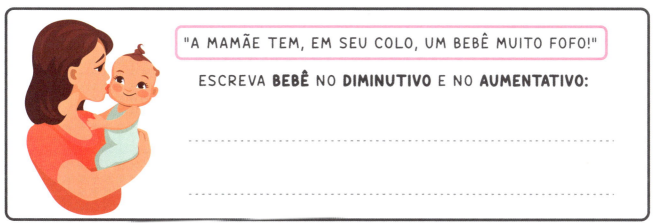

"A MAMÃE TEM, EM SEU COLO, UM BEBÊ MUITO FOFO!"

ESCREVA **BEBÊ** NO **DIMINUTIVO** E NO **AUMENTATIVO**:

....

....

ESCREVA O NOME DO FILHOTE E DA MAMÃE ELEFANTA NO **DIMINUTIVO** E NO **AUMENTATIVO**. EM SEGUIDA, PINTE O DESENHO!

....

....

FEMININO E MASCULINO

SOU MENINO, EU SOU MASCULINO!

SOU MENINA, EU SOU FEMININA!

ESCREVA E PINTE OS QUADRINHOS COM AS CORES QUE DEFINEM CADA GÊNERO:

| MENINO | MENINA |

MUDE AS PALAVRAS DE MASCULINO PARA FEMININO, SUBSTITUINDO A LETRA **O** FINAL PELA LETRA **A**.

ALUNO	ALUN**A**	TIO	
FILHO		MOÇO	
PATO		PRIMO	
POMBO		LOURO	
BONECO		LOUCO	
VELHO		MORTO	
MÉDICO		PORCO	

MUDE DE **MASCULINO** PARA **FEMININO**, ACRESCENTANDO A LETRA **A** NO FINAL.

DOUTOR	DOUTORA	PINTOR	
CANTOR		ZELADOR	
PASTOR		VENDEDOR	

MUDE DE **MASCULINO** PARA **FEMININO**, ACRESCENTANDO A LETRA **A** NO FINAL E TIRANDO O ACENTO CIRCUNFLEXO.

INGLÊS	INGLESA	CAMPONÊS	
JAPONÊS		FREGUÊS	

MUDE DE **MASCULINO** PARA **FEMININO**, SEGUINDO OS EXEMPLOS COM **Ã** E **OA**.

CAPITÃO	CAPITÃ	LEÃO	LEOA
CAMPEÃO		LEITÃO	

MASCULINO E FEMININO DE OR PARA IZ.

ATOR
ATRIZ

IMPERADOR
IMPERATRIZ

ESCREVA E LIGUE **MASCULINO** COM **FEMININO**. PINTE CONFORME AS CORES DO CONTORNO.

DUQUE

PRÍNCIPE

REI

PRINCESA

RAINHA

DUQUESA

ACENTUAÇÃO GRÁFICA

ESTES SÃO OS ACENTOS GRÁFICOS MAIS USUAIS:

ACENTO AGUDO

ESSE ACENTO INDICA QUE O SOM DA VOGAL É ABERTO.

EXEMPLO: AVÓ

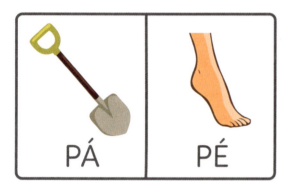

PÁ | PÉ

ESCREVA E COLOQUE O ACENTO AGUDO NA ÚLTIMA VOGAL **A**, **E** OU **O** DE CADA PALAVRA.

FUBA	JACARE
SABIA	BONE
SOFA	CAFUNE
XARA	PO
CEARA	PALETO
CAFE	DOMINO
BALE	FILO

ACENTO CIRCUNFLEXO

ESSE ACENTO INDICA QUE O SOM DA VOGAL É FECHADO.

EXEMPLO: AVÔ

VÊ | VÔ

ESCREVA E COLOQUE O ACENTO CIRCUNFLEXO NA ÚLTIMA VOGAL **E** OU **O** DE CADA PALAVRA.

LE	ROBO
PURE	TRICO
VOCE	BISAVO
IPE	VOVO
BUFE	JUDO
CROCHE	METRO
BIDE	BIBELO

ALÔ!

ESCREVA SOBRE OS TRACEJADOS E COLOQUE O ACENTO **AGUDO** CONFORME O EXEMPLO.

ÁRVORE
ARVORE

ÁGUA
AGUA

CAFÉ
CAFE

ESCREVA SOBRE OS TRACEJADOS E ACENTUE COM **CIRCUNFLEXO** CONFORME O EXEMPLO.

BAMBOLÊ
BAMBOLE

LÊ
LE

ROBÔ
ROBO

AS FADINHAS, COM SUAS VARINHAS MÁGICAS, TOCAM AS LETRAS QUE DEVERÃO SER ACENTUADAS NAS PALAVRAS. A FADINHA AZUL É DO ACENTO **AGUDO** E A VERDE É A FADINHA DO ACENTO **CIRCUNFLEXO**. ESCREVA E ACENTUE AS PALAVRAS!

PARA TERMINAR, VAMOS **BRINCAR?**

JOÃO E MARIA AVISTARAM UMA CASINHA DE CHOCOLATE CHEIA DE GULOSEIMAS! FAÇA O PERCURSO COM ELES PARA CHEGAR ATÉ ELA.